채선엽 시집

연둣빛 보석

이 도서의 국립중앙도서관 출판예정도서목록(CIP)은 서지정보유통지원시스템 홈페이지(http://seoji.nl.go.kr)와 국가자료공동목록시스템(http://www.nl.go.kr/kolisnet)에서 이용하실 수 있습니다. (CIP제어번호 : CIP2019041178)

채 선 엽 시집

연둣빛 보석

Chae Seon-yeop's Poems, 『Light Green Jewel』

with Ph.D./Poet Hur Man-gil's Literary Criticism, 「Poet Chae Seon-yeop's World of Poetry, 'The Aesthetics of the Beautiful-hearted Empathy and Her Sincere Life'」

November 1, 2019

표지사진_ 채선엽

Pure Literature Publishing

#202, Hyeopsung BLDG, Toegye-ro 48-gil, Jung-gu,
Seoul, the Republic of Korea
Tel: 82-02-2277-6637. E-mail: seonsookr@hanmail.net

◆시인의 말

 어렸을 때 나는 길가에 피어난 들꽃들을 볼 때마다 새롭게 보였다. 친구들과 비포장도로를 흙먼지 뒤집어쓰고 달리고, 논두렁과 밭두렁에서 잠자리를 쫓아다녔다. 자연이 참 좋았다.
 물 한 모금 먹고 하늘 한 번 쳐다보는 병아리처럼 가던 길 멈추고 뒤돌아보고, 가던 길 멈추고 하늘 한 번 올려다보면 어린 시절이 살아난다. 시를 쓰면서 자연을 벗 삼아 뛰어놀던 추억이 고물고물 떠오를 때면, 나는 동화 속의 주인공이 된 듯이 행복하다.

 급변하는 산업사회를 살아가고 있는 현대인들은 불안과 분주함으로 제대로 여유를 찾을 수가 없다. 내가 자연 속의 어린 시절을 떠올리면 행복하듯이, 많은 분들이 내 시집을 읽는 동안 연둣빛 보석 같은 행복을 느낄 수 있으면 좋겠다.

좋은 시를 열심히 쓰라면서 맛있는 음식을 사 주며 격려해 주는 사랑하는 남편 조정태 씨, "엄마 파이팅!" 하며 응원해 주는 큰아들 선호, 나의 작품에 세심한 의견을 붙여 주는 작은아들 하영이와 삶의 한 둥지에 있어 행복하다.

　나더러 학창 시절의 뛰어난 문학 재능을 키워 보라고 하시고, 내가 시인으로 등단하여 첫 시집 《연둣빛 보석》을 출간하게 되자, 값진 평론을 써 주신 고등학교 담임선생님이셨던 시인 허만길 문학박사님께 고마움의 인사를 드린다.

2019년 11월 1일
채 선 엽

차례

◆ 시인의 말 • 10

제1부 높고 큰 산

높고 큰 산 • 19
그대 목소리 • 21
형님과 바닷가에서 • 22
파도 • 23
눈 • 24
꽃무늬 노트 • 25

제2부 연둣빛 보석

안개꽃 • 29
물새 한 마리 • 30
수련화 그리움 / 악보 • 31
담쟁이덩굴 • 35
가을 날 • 36
빗속 나무 • 37
연둣빛 보석 • 38
여유로운 한낮 • 39
장미 • 40

강아지 미키 • 41

제3부 엄마의 손

아버지 • 45
엄마의 손 • 48
외할머니 • 49
월급봉투 • 50
알뜰살림 • 54
아들을 위하여 • 57
오솔길 • 59
흉터 • 61
한가위 보름달 • 62

제4부 내 고향 순천

순천만 갈대밭 / 악보 • 65
Reed fields in Suncheonman
　　　　　/ Trans. Kim In-young • 69
앵무산 추억 • 71
순천 앵무산 오르니 • 75
모내기 하는 날 • 77
학교 가는 길 • 81

통학버스 • 83

제5부 북촌한옥마을

북촌한옥마을 • 89
남산도서관 길 • 90
엿장수 아저씨 • 91
초대 • 92
일탈 • 93

제6부 선생님과 제자

선생님과 제자 • 97
아이의 속마음 • 99
나의 담임선생님 • 100

평론 채선엽 시인의 시의 세계
     '아름다운 마음씨의 감정 이입과 성실한 삶의 미학'
                    / 문학박사 · 시인 허만길 • 103

- 높고 큰 산
- 그대 목소리
- 형님과 바닷가에서
- 파도
- 눈
- 꽃무늬 노트

높고 큰 산

나는 어릴 때 아버지 따라다니며
산을 좋아했습니다.
산을 하도 잘 오르내려
가족들은 나를 산다람쥐라고 했습니다.

좀 더 나이가 들어
나는 높고 큰 산을 올라
편편한 바위에 혼자 앉았습니다.
산에게 내 마음을 모두 풀어놓을 수 있었고
산도 나를 아낌없이 받아주었습니다.

그때부터 나는
나만의 높고 큰 산을 마음속에
우뚝하게 만들기 시작했습니다.
그 산은 꽃도 별도 바다도 하늘도
함께 있는 거룩한 산이 되었습니다.

거룩한 산은
내가 바라볼 적마다
반가운 미소 따뜻한 눈빛입니다.

봄에 바라보면
초록 꿈이 가득하고
나를 시원하게 토닥여 줍니다.

여름에 바라보면
바다를 펼쳐 보이며
두려워하지 말고
마음껏 헤엄쳐 보라며
두 손 꼭 잡아 줍니다.

내 속의 거룩한 산은
언제라도 하늘과 별과 무지개를
즐겁고 아름답게 오르도록 합니다.

그대 목소리

여보세요.
문득 전화 속
들려오는 목소리

뜨거운 불길이
온몸 구석구석을 태운다.

보고 싶다는 말조차 잊고
세상은 어디나
불타는 바다노을

빨간 그리움의 침묵
온몸 하얗게 삼킨다.

형님과 바닷가에서

썰물이 빠져나간 자리
바닷물에 멱 감은 듯
반질반질 고운 조약돌

살아 온 이야기를 말하는 듯
동그랗고 길쭉하고 크고 작은 모습
옹기종기 정다운 이야기 속살거린다.

가장 예쁜 조약돌 하나 주우니
언제나 한발 앞선 넓고 깊고 고운
형님 닮은 모습

형님을 앞설 수 없는 늘 빚진 마음
고마운 마음 담아 형님 손에 건네니
형님은 작고 귀엽게 생긴
하트 모양 조약돌 주워
내 손에 건넨다.

돌 틈 사이 물길 따라
동서 간의 사랑
바다로 바다로 흘러
밀물되어 넘실거린다.

파도

내가 찾아올 것을
알기라도 한 듯

수평선 너머 친구들 불러 모아
보글보글 안개꽃 무더기 안고
나를 마중하네.

한숨과 눈물과 아픔의 상념
한발 두발 나의 발자국 도장
깨끗이 쓸어 주며

잘 살으리라 행복하리라
언제라도 찾아오라
가슴 가득 힘을 주네.

눈

하늘의 선녀
목화솜 흩뿌려

삐죽삐죽 소나무 위
그리운 마음 내밀게 하고

대롱대롱 솜사탕
사랑을 기다리게 하네.

새털보다 가볍게
솜털보다 따뜻하게
그리워하며 사랑하며
인내로 살라 하네.

꽃무늬 노트

시인 등단 기념으로
선물 받은 꽃무늬 노트

연필과 함께 가방 속 넣어
가는 곳마다 함께 하니
꼼지락꼼지락 시의 마음
싹이 트고
꼬물꼬물 시의 얼굴
아지랑이처럼 자란다.

쫄랑쫄랑 함께 다니며
어디서나 꽃무늬 같은
예쁜 시 낳아 보라며
생글생글 내 기분 북돋운다.

선물 받은 꽃무늬 빈 노트
알록달록 시가 쌓인다.

제2부
연둣빛 보석

· 안개꽃
· 물새 한 마리
· 수련화 그리움 / 악보
· 담쟁이덩굴
· 가을 날
· 빗속 나무
· 연둣빛 보석
· 여유로운 한낮
· 장미
· 강아지 미키

안개꽃

하얀 꼬마 아가씨
하얀 설렘 안고 피어납니다.

방울방울 간절한 소망
부풀어 오르는 가슴

어제도 오늘도
고개 높이 쳐들고
얼굴 쭉 내밀며
사뿐히 피어오릅니다.

닿을 듯 말 듯
애타며 지쳐도
미련 가득 발돋움입니다.

보일 듯 보일 듯
좀처럼 보이지 않는
하얀 안개 속 거울 같은
안개꽃 그리움입니다.

물새 한 마리

바람도 구름도
풀들도 꽃들도
어우러져 하나 되는 길

다정한 연인
손에 손 잡고
힘주어 약속하며 오르는 길

마음과 마음
서로 나누며
하나 되어 오르는 길

파란 하늘
돌담 위 물새 한 마리
높고 먼 꿈 눈빛에 품었네.

수련화 그리움

오신다는 기약 없이
떠나 버린 임이여
순정 맺은 그 사랑
기다림이 긴긴 세월
임 향기 달아날까
밤새도록 오므렸던
분홍 꽃잎 꿈이 핀다.
맑고 고운 수련화
그대 순결 아름답다.

가신다는 말도 없이
떠나 버린 임이여
굳은 맹세 그 사랑
사무치는 그리움아
임 생각 날아갈까
달빛 아래 오므렸던
분홍 꽃잎 꿈이 핀다.
맑고 고운 수련화
그대 순결 아름답다.

수련화 그리움

채선엽 작사
이종록 작곡

* 시 '수련화 그리움'은 이종록 교수(서울대학교 작곡과 졸업. 중앙대학교 · 전북대학교 음악학과 교수 역임. 가곡동인 대표. 한국작곡가회 상임 고문)가 가곡으로 작곡하였음.

담쟁이덩굴

어린 잎 줄줄이 등에 업고
힘겹게 내뻗는 줄기의 자국

뜨거운 태양열 견디며
검푸른 가을 열매 풍성한 꿈 안고
한 뼘이라도 더
아프게 영역을 넓힌다.

뒤질세라
놓칠세라
빼앗길세라
가냘픈 줄기의 힘찬 생명력

가을 날

사그락사그락
간지러운 바람 안고
게으른 낮잠 자던 수수밭
다소곳이 정신을 차리고

파아란 하늘 가득
고추잠자리
가을을 헤엄치네.

개울물에 발 담그니
코스모스 꽃잎
방긋방긋 물속에서 웃는다.

빗속 나무

쏟아진 장대비 속
놀이터 뛰놀던 아이들
도깨비 놀다 가듯
우르르 몸을 피한다.

나무는 큰 잘못이라도 한 듯
한발도 움직이지 못하고
흠뻑 비 맞으며 벌서고 있다.

연둣빛 보석

반질반질
연둣빛 여린 잎

고운 햇살 만나니
반짝반짝 빛이 납니다.

내 마음에
보석 하나 새겨 놓습니다.

여유로운 한낮

바람이 놀다 갔나 봅니다.
꽃잎 파르르 나뭇잎 살랑살랑
주고받는 미소가 예쁩니다.

사랑이 머물다 갔나 봅니다.
계곡 물 생글생글 새소리 명랑
향기 풍기는 녹색 의자
따스한 빛이 아지랑이 춤을 춥니다.

고운 햇살 아이들 웃음소리
반짝반짝 사랑 노래 달려옵니다.

장미

아리고 따가운 가시투성이
가녀린 몸
회색빛 고통의 시간들
붉게 몸부림하며 태어난 꽃

몰아치는 세찬 바람에
휘청이고 부서지고 넘어지던
기나 긴 아픈 나날

차곡차곡
희망으로 물들여
환희로 피어오른다.

강아지 미키

무엇을 잘못 먹었는지
귀가 발갛다.
많이 가렵겠구나.

약 발라 주고 쓰다듬어 주니
내 손을 쓰다듬듯 핥는다.
약 발라 준 손이 고마운가 보다.

제3부
엄마의 손

· 아버지
· 엄마의 손
· 외할머니
· 월급봉투
· 알뜰살림
· 아들을 위하여
· 오솔길
· 흉터
· 한가위 보름달

아버지

하얀 모시적삼 단정히 입으시고
양반다리 책 읽으시던 아버지

아버지 가시는 곳마다
쫄쫄 따라다니며
궁금한 것이 많았던 나

"우리 딸 말 대답해 주느라 배고프네."
허허 웃으시던 인자하신 아버지

쌀쌀한 늦가을
초가지붕 이엉 엮으시며
들려주시던 말씀들

"세 사람이 길을 가면
그 중에 반드시 내 스승이 있다."
"난 사람이 되지 말고
된 사람이 되어라."
"알아도 모른 체
남보다 너무 잘난 체 말아라."

아버지 마음 밭에서 우러나온
보약 같은 사랑의 말씀
삶의 등대가 되어
지금도 내 길을 비춰 준다.

하시고 싶은 말씀 많아도
침묵을 금으로 여기시던 아버지

말씀하시기보다
듣기를 더 많이 하셔서
청력의 기력이 다해지신 듯
이제는 내 입모양 살피시며
보청기 끼우신 귀를
내 입술 가까이 가져다 대신다.
재잘재잘 떠들던
내 얘기가 듣고 싶으신가 보다.

어느덧 구십 계단 주름진 세월
내 물음 답해 주시느라
배고프시다던 아버지께
"아버지 물음 답해 드리느라 배고파요."

투정부리고 싶어도
들으실 수 없어 말할 수가 없네.

엄마의 손

엄마의 젖가슴 차지하며
행복했던 어린 시절

오늘은 젖가슴 대신
엄마 손 꼭 잡고
나란히 누웠다.

힘든 삶 사시느라
감당하기 어려웠던
고통, 눈물, 한숨

허겁지겁 들로 나가
호미자루, 괭이자루 잡으시느라
혹사시켰던 손

울퉁불퉁 거북 등처럼
거칠고 딱딱한 굳은살 손
엄마 손 꼭 잡고
밤새도록 끄억끄억 눈물 삼킨다.

외할머니

이른 아침
아카시아 향기 가득한 앞동산
비둘기 울음소리 나를 깨운다.

문득 어린 시절
비둘기의 구슬픈 사연 들려주며
배 쓰다듬어 주시던
까마득하고 아련한 외할머니 추억

기침을 하시면서도
외할머니 이야기 주머니는
끝도 없이 깊고 넉넉했다.

비둘기 구구구
귓전에 맴도는 외할머니 목소리
그리운 목소리

월급봉투

결혼해서 지금까지
외벌이로 네 식구
생계를 책임져 온 남편

새벽에 가장 먼저 일어나
도둑고양이 걸음으로
아이 방 돌며 기도하고

시리고 차가운 겨울바람에도
자전거 페달 밟으며
출근했던 남편

승용차 대신
빽빽한 지하철 타고
출퇴근 피곤한 몸 졸다가
몇 정거장 지나친 적
여러 번이었던 남편

팔꿈치 닳은 긴소매 와이셔츠
가위로 잘라 반팔로 만들어 입으며
최신 유행이라며 너스레 떨며

내 앞에서 춤추었던 남편

신발 뒷굽 닳아
비 오는 날이면
양말이 젖어 부르튼 발
신문지 뭉쳐 신발에 넣어 말리면서도
새 신발 두 아들에게 양보하고
신발가게 가면
아내의 것 자식들의 것
먼저 눈에 띄었던 남편

시장 리어카에서 파는
양말이 더 편하다면서
좋은 양말은 아들들에게 양보하고
자신의 얼굴에 바를 스킨 하나 없어도
해외출장 가면 아내 화장품 제일 먼저 챙겨서
흐뭇하게 돌아오던 남편

회사 회식에서
맛있었던 음식점 기억해 두었다가
아내와 아들들 데려가 맛있게 먹으라며

한사코 배부르다며 양보하던 남편

결혼 후 줄곧 전업주부로 살아온
내 한 가지 소원은
월급봉투 받아
남편 손에 올려주고 싶은 바람이 있었다.

결혼하고 25년 만에 취업하여
첫 월급 받을 수 있는 날이
나에게 주어졌다.

고마운 마음 듬뿍 담아
곱게 접은 편지와 함께
남편 몰래 책상 위에 올려두었다.

다음날 새벽
잠자는 내 이마에 촉촉한 입술
따뜻한 입김이 느껴졌다
그동안 알뜰하게 잘 살아주어
고맙다는 말과 함께
내 두 손에 그대로 되돌려 주었다,

내 쓰고 싶은 데 쓰라면서.

밤사이 이 방 저 방을 오가며
고마운 마음 떠올리며
작은 천사 된 월급봉투

알뜰살림

결혼하면서
다니던 회사 생활 그만두고
전업주부가 되었다.
맞벌이로 얻는 것도 있지만
잃는 것도 있으리라는 생각이었다.

남편 도울 수 있는 일은
알뜰살림 해서 큰아이 초등학교 입학 전
집 장만하는 것이었다.

아이들의 배냇저고리부터
외출복, 양말, 신발까지
언니의 세 아이가 쓰던 것을
깨끗이 삶고 손질해서 사용했다.

어린이집, 유치원 교육비 아끼기 위해
내가 내 아이들의 가정교사가 되었다.
부직포, 솜, 하드보드지, 수수깡으로
교구를 만들고
밀가루, 야채, 신문지, 그릇들을
장난감으로 삼게 했다.

남편의 출퇴근 교통비 아끼기 위해
걸어 다닐 수 있는 곳에
전셋방을 얻고
점심은 집에 와서 먹도록 했다.

남편과 아이들의 이발비 아끼기 위해
미용을 배워 손수 머리를 잘라 주고
목 늘어지고 구멍 난 양말
고무줄 느슨한 남편의 사각팬티
내 손바닥 수술대에서
내 잠옷, 내 속바지로 변신했다.

티끌모아 태산이라고
알뜰살림 저축통장
차곡차곡 쌓이었다.
봄꽃 피었다 지기를 여섯 해
집 장만의 꿈을 이루었다.

두 아이 초등학교 시절에는
학원 보낼 돈을 모아
좋은 책과 문제집을 사서

내가 직접 가르쳤다.

남편과 두 아이 뒷바라지하면서
나도 틈틈이 배우고 익혀
청소년지도사와 가족예술상담사 자격증 받아
초등학교, 중학교 학생 상담과 학부모 상담

결혼 25년째에는
정말 꿈만 같은 시인으로 등단하고
상담학 석사 학위도 받아
커다란 또 하나의 행복을 쌓았다.

오늘도 나는
남편과 아이들의 머리 손질 하면서
지난 날 알뜰히 모은 행복이
내일의 발돋움의 행복임을 미소 짓는다.

아들을 위하여

매서운 바람과 씨름하며
아무것도 해 줄 수 없어
가슴 졸이던 수많은 날들 속에서
나는 사랑하는 아들에게
인내를 알게 하고 싶었다.

시린 겨울 눈보라 속
홀연히 피어난 꽃을 보며
꿋꿋함을 알게 하고 싶었다.

봄비 사이로
멀리서 따사로운 햇살이
채워져 옴을 보며
사랑을 알게 하고 싶었다.

풍성한 열매 달고
우뚝 선 큰 나무를 보며
영광의 결실을 알게 하고 싶었다.

봄, 여름, 가을, 겨울
끊임없는 자연의 질서 앞에

나는 사랑하는 아들에게
감사를 알게 하고 싶었다.

오솔길

도란도란
이야기 주고받던
숲속 오솔길

들꽃 향기 맑은 새소리 그대로인데
올 수도 볼 수도 없는
먼 곳으로 간 하나뿐인
내 언니

말기 암 선고
복수 찬 배 부여잡고
퉁퉁 부은 다리 질질 끌면서도
이 세상 마지막 행복의 길로
간직하려는 듯
나와 함께 걷던 길

아직도 아름다운 나이
삼남매 남겨 놓고
눈감을 수 없어도
아련히 눈감아야만 했던
가련한 언니

못 다한 서러운 이야기
더 들을 수 있을까
오늘도 눈시울 붉히며
혼자 걷는
내 언니 생각나는 오솔길

흉터

여름방학 때면
친척 언니들과 찾았던
순천만 안터 앞바다

꽃게, 고동 잡느라
뻘 바닥 뛰어다니다
병 조각에 상처 입었던 발등

엄마한테 혼날까 봐
다쳤다는 말도 못하고
치료도 하지 않아
그대로 흉터로 남아 있다.

발등 흉터 볼 때마다
갯벌 팩하며 뛰놀던
그리운 언니들
보고 싶은 얼굴들이 생각난다.

바다 냄새 가득한
그림 같은 추억이 떠오른다.

한가위 보름달

흩어져 사느라
기다렸던 일가친척
반가움과 설렘 안고
넓은 마루 둥글게 앉았다.

누가 더 예쁜 송편 만드나
끼어든 남자들의 어설픈 손놀림
까르르 웃음꽃이
앞마당 감나무에 걸렸다.

한가위 보름달
환한 얼굴 내밀면
할머니는 마당 한가운데서
경건하게 두 손 모아
가족들의 행복을 빌었다.

한가위 보름달은
더 밝고 더 커다란 얼굴이었다.

제4부
내 고향 순천

· 순천만 갈대밭 / 악보
· Reed fields in Suncheonman
/ Trans. Kim In-young
· 앵무산 추억
· 순천 앵무산 오르니
· 모내기 하는 날
· 학교 가는 길
· 통학버스

순천만 갈대밭

용산 마루 가을바람
솔잎에 넘실이고
황금 빛 갈대 물결
속삭임이 뜨거웁네.
파란 하늘 하얀 그림
구름꽃이 한가롭고
순천만 갈대밭
눈부시게 화려하네.
순천만 갈대밭
우리 모두 행복이라.

저 멀리 무르익은
오곡백과 넉넉하고
굼실굼실 갈대 몸짓
저녁노을 노래하네.
사랑 꿈 물들이는
갯벌 철새 정겨웁고
순천만 갈대밭
눈부시게 화려하네.
순천만 갈대밭
우리 모두 행복이라.

순천만 갈대밭

채선엽 작사
이종록 작곡

채선엽 시집 『연둣빛 보석』

* 시 '순천만 갈대밭'은 이종록 교수(서울대학교 작곡과 졸업. 중앙대학교·전북대학교 음악학과 교수 역임. 가곡동인 대표. 한국작곡가회 상임고문)가 가곡으로 작곡하고, 김인영 문학박사(국제PEN한국본부 번역위원회 위원. 국제계관시인연합 한국위원회 사무총장 Secretary-general of United Poets Laureate International Korea Committee)가 영어로 번역하였는데, 《Poetry Korea Vol. 8. 2019》에 실리어 해외에도 소개될 것임.

Reed fields in Suncheonman

Chae Seon-yeop
Trans. Kim In-young

Autumn winds are coming over Yongsan ridge
rolling gently on the pine needles
with golden waves of reeds swelling in the winds
murmuring, whispering constantly in low voice
where white clouds in the blue sky
are flowing idly like flowers floating in the water
Reed fields in Suncheonman
dazzling with brilliance
Reed fields in Suncheonman
making us all happy with its radiance

Many grains and fruits
ripening in plenty all over the places in the fields
with wavering reeds
singing in the winds for the sunset

where migrating birds in the mud flat
are making a love scene
with their affectionate wooing
Reed fields in Suncheonman
dazzling with brilliance
Reed fields in Suncheonman
making us all happy with its radiance

앵무산 추억

고운 이름 순천 앵무산
그 산 아래 내가 태어나 자란
해룡면 선학리 계당마을

산등성이 한 자리에는
아버지, 오빠, 언니, 남동생과
함께 오르내리던 우리 산도 있어
가족처럼 정든 앵무산

한여름 오빠, 언니 따라
소 몰고
산중턱 즈음 서당 터 오르면
동네 소, 동네 아이들
줄 지어 모여들었다.

둥실둥실 구름은 하늘을 떠다니고
풀어놓은 소들은
게으른 하품 하다 말고 풀을 뜯고
아이들은 큰 바위 올라 앉아
가위바위보 아카시아 잎 따기 놀이
나뭇잎에 나뭇가지로 글씨 쓰고 그림 그리기

햇살 한 줌, 바람 한 줌, 구름 한 조각
참나리꽃, 달맞이꽃, 푸른 잎, 산초 열매로
정성 모락모락 오르는
풍성한 식탁

푸릇푸릇 망개 열매 줄줄이 실에 꿰어
목에 걸고 식탁 앞에 앉으면
너도 나도 우아한 현모양처였다.

말타기놀이 지친 몸으로
소고삐 잡고 집에 돌아와
꺾어 온 꽃가지 병에 꽂으면
어머니의 밀가루 술빵이 고소했다.

가을, 겨울이면
소리 내어 읽던 책
내려놓으신 아버지
"애들아, 산에 가자."
남동생과 나는
쫄랑쫄랑 아버지 지겟다리 잡으며
앵무산 올랐다.

산꼭대기에서 소나무 땔감
짊어지신 아버지 따라
남동생과 나는
작은 나무토막 하나씩
새끼줄에 묶어 질질 끌고
비탈길 신나게 내려오다가
나는 그만 고무신 벗겨져
아찔하게 넘어지기도 했다.

긴 세월 흘러 2017년 여름
오빠와 남편과 함께
고향 집 뒷산
앵무산 꼭대기 오르니
예나 다름없이
사방팔방 넓은 시야는
한 순간에 내 가슴 뚫리게 하고
여수, 순천, 여천만, 광양제철소
한눈에 다 보였다.

아, 아쉬워라.
사라진 길 겨우 더듬으며

동네 소, 동네 아이들 함께 모였던
옛 서당 터 찾으니
그 넓은 마당 온데간데없이
나무와 풀만 무성하고
그 큰 바위도
흔적 없이 보이지 않네.

맑은 물 솟아올라 시원히 목축이던
제법 큰 옹달샘도
이제는 한 움큼 물만 고인 채
꿈인 듯이 나를 아는 체하는구나.

어린 시절 어린 날
앵무산 추억
눈물 나도록 그립고 아쉬워라.

순천 앵무산 오르니

앵무산 등줄기
그 꼭대기 오르니

두 볼을 스치는 솔바람
엄마 손처럼 감미롭다.

아득히 시원스레 펼쳐진
푸른 빛 갈대밭은
푸른 꿈 푸른 소망으로
순천만을 키운다.

갯길 따라 꼬물꼬물
생명이 꿈틀대는 습지
철새들의 보금자리
자연이 준 선물

서산마루 불태우는
아스라한 붉은 노을
광활한 하늘을 헤엄치고
앵무산을 껴안고
용산 허리를 휘감는다.

아늑하고 잔잔한 바다는
평화롭게 저녁 호흡을 즐기고
조개 잡던 아낙네들
기쁨의 콧노래로 가족 품을 찾아온다.

아름다운 순천만
하늘이 준 선물

모내기 하는 날

새벽이슬 내려앉은
앵두나무 집
딸그락 딸그락 부엌에서 들리는
엄마의 손놀림
잠자던 아침이
눈곱 떼고 깨어나
하품 기지개로 하루를 연다.

걸치듯 둘러 입은 옷매무새
아주머니들 분주한 발걸음에
이슬도 놀란 듯
정신 가다듬고 잠에서 깨어난다.

오늘은 품앗이로
마을 사람 함께 모여
모내기 하는 날

마을 한가운데 호젓한 당산나무
마을 사람 무병장수 기도하고
새참 준비 굴뚝 연기
모락모락 피어오른다.

학교에서 돌아온 아이들
새참 나르는 아주머니들 따르며
논두렁 꽃길 콧노래 흥얼거리고
구름은 방실방실 춤을 춘다.

멀리 보이는 모내기 하는
어른들의 모습
한눈에 들어오는
등 굽힌 우리 엄마
"엄마!" 하고 부르는 소리에
허리 펴며
집안에서 버선발로 맞이하듯
나를 반긴다.

새참 먹고 어른들 일하는 동안
아이들은 갈대밭 갯벌
놀이터 삼아
갯벌달팽이와 미끄럼타기
방게와 숨바꼭질하기
짱뚱어와 달리기 시합하기
어느새 아이들은 온 얼굴

뻘 칠로 화장하고서
너도 나도 마주 보며 서로 웃는다.

개구쟁이 아이들과 함께 즐기느라
얼굴 붉어진 석양 노을
집으로 돌아가는 발걸음
거인같이 성큼성큼 뒤따르고
나는 모내기로 퉁퉁 부은 엄마 손 잡고
재잘재잘 온갖 재롱떠는 이야기로
엄마의 지친 몸에 힘을 솟게 한다.

어스름 저녁
별이 내려앉는 마당 한가운데
여러 덕석들 넓게 넓게 깔고
하얀 쌀밥, 감자 미역국, 노란 콩자반 놓고
어른들도 아이들도
마을 잔치 맛있게 벌인다.

아이들의 웃음소리 속
끝없는 정겨운 대화
밤은 깊어 가고

별들은 미소를 선사한다.

마흔 해 전 내 고향 순천
선학리 계당마을 모내기 철은
밤마다 이집 저집 돌며
즐거운 잔치였다.

학교 가는 길

봄은 5월을 업고
나는 빠알간 책가방을 업고
봄날과 나란히 학교 가는 길

반쯤 눈이 감긴 가게 진열대
뽀빠이과자, 눈깔사탕
달콤한 유혹을 참는다.

연초록 탐스러운 살결
장미 순 꺾어 한 입 베어 물면
쓰디 쓴 배신감에 허리 굽은 할미꽃처럼
힘이 빠진다.

구불구불 들길 따라
네잎클로버 행운 펼쳐 들고
아카시아 꽃바람에 실려
굽이굽이 노래하며 걷는 길

용두재 고개 턱밑
황금 보리밭은
소녀야 천천히 쉬어가라 붙잡지만

숨 가쁘게 달려오는 버스 잽싸게 올라
네잎클로버 무임승차 행운을 고마워한다.

부랴부랴 학교 문 들어서면
밤낮으로 먼저 도착해 있는
향나무 아래 책 읽는 소녀동상
내게로 가슴 내밀며 반갑게 인사를 건넨다.

만국기 펄럭이며 함성 자욱하던 운동장
선생님과 아이들의 정다움이
그림같이 아늑하던 학교
앵무산 바라보며 내 꿈 키우던 교실

이름만 떠 올려도
뭉클 어린 날이 달려오는
나의 모교 해룡남초등학교
이제는 폐교되어
빈 운동장 빈 교실만
쓸쓸히 앉아 있네.

통학버스

버스는 비포장도로 먼지 뒤집어쓰고
와온 앞바다 정류소에서 잠을 잔다.

가로등이 졸고 있는 새벽
바다가 눈을 뜨기 시작하면
운전기사는 버스의 시동을 건다.

바닷가 사람들
꼬막, 게, 맛조개
그물망 보따리에 싸서
짠 바다 냄새 풍기며 버스에 오르고

교복 입은 중학생, 고등학생들
비누냄새 풍기며
줄지어 버스에 오른다.
저만치 동녘하늘 날이 밝는다.

빽빽한 차안 밀치고 밀려서
몸과 발은 중심 잡기 힘들어도
주고받는 아침인사 정답다.
농주재를 넘고

해룡면사무소 지나면
아스팔트 깔린 도로
신나게 달리는 버스 뛰뛰빵빵

순천역전 아랫장터
짠 내 풍기던 보따리들 빠져 나가면
몸보다 먼저 차창 안으로
던져진 책가방은 주인을 찾고
버스는 구겨진 교복 매만지는
학생들 차지가 된다.

순천터미널 이 버스 저 버스에서
쏟아져 내리는
금당고, 매산고, 순천고, 순천상고, 순천여고,
매산중, 삼산중, 순천여중, 이수중 학생들
교복 배지가 햇살 받아 환하게 빛난다.

터미널 통학버스는
숨 고르며 친구들과 나란히 걷는
학생들에게
잘 다녀오라

응원하며 경적을 울린다.
빵! 빵!

1980년대 초반
순천매산중학교 학교 가는 길
추억의 아침 학교 길

제5부
북촌한옥마을

· 북촌한옥마을
· 남산도서관 길
· 엿장수 아저씨
· 초대
· 일탈

북촌한옥마을

경복궁, 창덕궁, 종묘의 안동네
북촌한옥마을 들어서니
담장 너머 능소화
주홍 빛 웃음이 마중한다.

솟을대문 안뜰에서는
600년 왕족의 위엄이
감나무, 대추나무 열매에
주렁주렁 매달려 있는 듯하다.

인정과 인정이 만나
흐르는 골목길
고운 빛깔 고상한 맵시
한복 입은 유럽 사람, 이슬람 사람과 함께
손잡고 사진 한 장 찍으니
한국의 얼 한국의 따뜻한 가슴
옛날에서 지금으로
한양에서 세계로 퍼진다.

남산도서관 길

남산도서관 길
한 계단 두 계단

무릎 뻐근하여
가던 길 멈추고
하늘 한 번 쳐다봅니다.

호흡 가다듬고
가만 귀 기울여 봅니다.

채색된 하늘 수채화
새들은 고운 노래

마음 맑게 열어 놓으니
기쁨과 행복이 들어옵니다.

엿장수 아저씨

시장가는 길 담벼락 옆
째깍째깍 가위 소리
엿장수 아저씨

문득 엿이 먹고 싶어
엿 봉투 손에 들고
가방 열어 보니
지갑이 없다.

민망한 표정 지으며
놀란 토끼눈 되니
"그냥 드릴게요.
맛있게 드세요."

집에서 지갑 챙겨
돈과 함께 음료수 하나 사서 건네니
엿장수 아저씨 함박웃음과 함께
비닐봉지 한가득 엿을 준다.

주거니 받거니
골목길 담벼락 무지개가 핀다.

초대

조카의 독일인 친구를
집으로 초대했다.

불고기, 잡채, 식혜
한 상 가득 차리니
내 마음이
풍선처럼 부풀어 올랐다.

언어와 생김새 다르지만
웃음과 웃음 주고받으니
우리 모두 하나임을 알았다.

일탈

제주 용눈이오름 분화구
통행금지 구역

새소리 바람소리
온갖 만물 잠을 깨우고

양털구름, 새털구름 두둥실
하늘도 땅도 덩달아 춤을 춘다.

일탈을 꿈꾸던 작은 새 한 마리
창공으로 솟아올라 넘실넘실 춤사위

가슴 속 꿈틀대던 욕망
활화산처럼 타올라
화려한 불꽃
온 하늘 물들인다.

제6부
선생님과 제자

· 선생님과 제자
· 아이의 속마음
· 나의 담임선생님

선생님과 제자

선생님,
이것이 무엇인지 아세요?
모르겠다.
두릅이에요.

그것은요?
글쎄,
그것도 모르세요?
어린 복숭아예요.

그럼
저것은요?
글쎄, 저것도

선생님보다 더 아는 것이 있다는 생각에
철부지 제자 신이 납니다.

선생님은
몰라서 모른다고
알면서도 모르는 척

제자의 아는 척, 잘난 척이
싫지 않은 것 같습니다.

선생님의 낮은 눈높이로
우등생이 된 우쭐한 제자

가벼워진 발걸음
바람도 시샘을 합니다.

아이의 속마음

이른 아침 노란 승합차 향해
아이 손 끌고
걸음 재촉하는 엄마

"제발 빨리 걸어."
엄마의 애타는 목소리
아이의 승차를 재촉하지만

대여섯 살 뾰루퉁한 아이는
승합차를 못 본 듯이
지나쳐 버린다.

끝내 아이는
선생님 손에 이끌려 차에 오르고
얼굴빛이 어둡다.

돌아선 엄마는 종종걸음으로
집을 향하고
노란 승합차는 미련 없이 떠난다.

뾰루퉁한 아이 속마음
누가 나서서 알아줄까.

채선엽 시집 『연둣빛 보석』

나의 담임선생님

낮의 해와 밤의 달처럼
어려운 환경의 제자들
앞길 열어 주시고
보호해 주시던 선생님

오랜 세월 지난 어느 겨울 날
첫눈 내리는 날의 감격처럼
연락이 닿았지요.

인기투표 1위
선생님 모습 떠올리며
목도리 하나 준비하여
문학 행사장에 선생님 뵈러 갔지요.

맨 뒷자리 허름한 구식 얇은 잠바
손잡이 헤어진 낡은 손가방
깔끔하고 세련된 문인들의
차림과는 대비되는 모습이었지요.

정년퇴임하시고도
당신의 제자들을

이 세상 최고로 여기시는
한없는 사랑

"어려운 사람들 생각하여
외식하더라도 식사비 낮추어라."
"상대방의 형편 어려울 수 있으니
화려한 옷 비싼 옷은 삼가고
단정하고 검소하게 입으라."
학생 상담하러 다닌다는 나에게
진하게 당부하신다.

학창 시절의 문학 재능
키워 보라시며
나의 시 공부를 이끌어 주시고
나의 시집 평론도 써 주신
나의 고등학교 담임선생님
지금도 나의 담임선생님
시인 허만길 문학박사님

다시 태어나도
선생님으로 태어나실 선생님

사랑을 사랑하고 인생을 사랑하고
진리를 사랑하라는 선생님의 가르침
가슴 깊이 새기겠습니다.

―――――― 평론/Literay Criticism◆

채선엽 시인의 시의 세계
― 아름다운 마음씨의 감정 이입과 성실한 삶의 미학 ―

문학박사·시인 허 만 길

Poet Chae Seon-yeop's World of Poetry, 'The Aesthetics of the Beautiful-hearted Empathy and Her Sincere Life'

Ph.D. / Poet Hur Man-gil

1. 채선엽 시인 소개

채선엽(蔡仙葉. Chae Seon-yeop) 시인은 1968년 전라남도 순천시 해룡면 선학리 계당마을에서 태어났다. 채 시인이 태어난 집은 여수시와 순천시의 경계를 이루는 앵무산 바로 아래 양지 바른 곳이다.

채 시인은 3남 2녀 중 둘째딸로 태어났다. 그의 아버지 채규종 님도 그의 어머니 양영아 님도 해룡면 태생이다. 선학리 계당마을과 가까운 농주리 안터마을은 채(蔡)씨 집성촌이기도 하다. 채 시인이 태어난 집에는 2019년 현재 채 시인의 부모가 살고 있다.

채선엽 시인은 순천에서 해룡남초등학교(1980년), 순천매산중학교(1983년)를 졸업하고, 서울에서 언니와 함께 영등포여자고등학교(1987년)를 졸업했다. 나는 서울 영등포여자고등학교에서 채 시인과 채 시인의 언니를 2년 간 가르쳤다. 나는 채선엽 시인이 영등포여자고등학교 2학년일 때 학급 담임교사였고, 3학년 때는 국어과 수업을 담당했다. 채 시인은 학교 방송반 활동도 열심히 했다. 채 시인은 침착하고 책임감이 강하고 성실하고 문학적 재능이 뛰어나고 총명한 학생이었다.

나는 채선엽 시인이 고등학교를 졸업한 지 약 30년 만에 우연히 연락이 닿자, 학창 시절의 문학 재능을 키워 보라고 했더니, 열심히 노력하여 《월간 문학공간》 신인문학상에 당선되어 시인으로 등단하게 되었다.

채선엽 시인은 1994년 조정태 님과 결혼하였으며, 두 아들을 두었다. 채선엽 시인은 대학에서 청소년교육을 전공하고, 대학원에서 가족상담학 전공으로 석사 학위를 받았다.

채선엽 시인은 한국순수문학인협회 회원, 한국시인연대 회원, 한국신문예문학회 회원, 한국가족문화상담협회 회원, 한국가족예술상담협회 회원으로서 문단 활동과 상담 활동을 하고 있다. 그리고 2019년 11월 첫 시집 《연둣빛 보석》을 발행하게 되었다.

2. 아름다운 마음씨의 감정 이입

나(문학박사. 시인 허만길)는 2019년 발행 채선엽 시인의 시집 《연두빛 보석》을 중심으로 채 시인의 시의 세계를 살펴보고자 한다.

  마음씨는 마음을 쓰는 태도를 뜻한다. 마음씨는 심성과 같은 말이며, 천성과도 연결될 수 있는 말이다.
  독일의 심리학자 Theodor Lipps(1851-1914)가 감정 이입(Einfuhlung. Empathy) 이론을 주창한 이래 이와 관련한 많은 이론이 전개되어 왔다. 오늘날 감정 이입에 대한 정의는 여러모로 나타나는데, 자연적 대상이나 다른 사람이나 예술 작품 등에 자신의 감정이나 정신을 불어넣어 그들과 서로 어울리는 작용을 뜻한다고 정리해 둔다.
  《Wikipedia》에서는 감정 이입(Empathy)을 "자신을 다른 사람의 처지에 두는 능력"(the capacity to place oneself in another's position)이라 보고, 감정 이입의 종류로는 인지적 감정 이입(cognitive empathy), 정서적 감정 이입(emotional empathy), 신체적 감정 이입(somatic empathy)을 들었다.
  외국의 또 다른 문헌들에서는 감정 이입을 "다른 사람의 감정을 느끼고 공유하는 능력"(the ability to feel and share another person's emotions), "자연물이든 예술 작품이든 어떤 대상을 향한 상상력"(the imaginative ascribing to an object, as a natural object or work of art) 등으로 정의하기도 한다.

  감정 이입을 위와 같이 이해한다면, 채선엽 시인의 시들에는 그것이 물체이든 현상이든 사람이든 어떤 대상을 향한 감정 이입의 마음씨가 아름답게 작용하고 있음을 볼 수 있다.
 시 '꽃무늬 노트', '담쟁이덩굴', '빗속 나무', '안개꽃', '물새 한 마리', '수련화 그리움', ' 일탈 ', ' 높고 큰 산 ' 등에서 아름다운 마음씨가 바탕이 된 감정 이입을 엿볼 수 있다.

 시인 등단 기념으로
 선물 받은 꽃무늬 노트

 연필과 함께 가방 속 넣어
 가는 곳마다 함께 하니
 꼼지락꼼지락 시의 마음
 싹이 트고
 꼬물꼬물 시의 얼굴
 아지랑이처럼 자란다.

 쫄랑쫄랑 함께 다니며
 어디서나 꽃무늬 같은
 예쁜 시 낳아 보라며
 생글생글 내 기분 북돋운다.

 선물 받은 꽃무늬 빈 노트
 알록달록 시가 쌓인다.
  - 시 '꽃무늬 노트' 전문

 어린 잎 줄줄이 등에 업고
 힘겹게 내뻗는 줄기의 자국

뜨거운 태양열 견디며
검푸른 가을 열매 풍성한 꿈 안고
한 뼘이라도 더
아프게 영역을 넓힌다.

뒤질세라
놓칠세라
빼앗길세라
가냘픈 줄기의 힘찬 생명력

- 시 '담쟁이덩굴' 전문

쏟아진 장대비 속
놀이터 뛰놀던 아이들
도깨비 놀다 가듯
우르르 몸을 피한다.

나무는 큰 잘못이라도 한 듯
한발도 움직이지 못하고
흠뻑 비 맞으며 벌서고 있다.

- 시 '빗속 나무' 전문

위의 시 '꽃무늬 노트'에는 선물 받은 꽃무늬 노트와 함께 하는 애정이 아름답고, 시 '담쟁이덩굴'에는 어린잎을 줄줄이 업고 태양열을 견디며 영역을 넓혀 나가는 가냘픈 담쟁이 줄기의 힘찬 생명력을 간절하게 살피는 마음씨가 아름답고, 시 '빗속 나무'에는 쏟아지는 장대비에 잽싸게 몸을 피하는 아이들과 벌선 듯이 한발도 움직이지 못하는 나무를 대비시켜 나무의 속수무책을 이해하려는 시인의 마음씨가 아름답다.
  아래의 시들에서도 시인의 아름다운 마음씨의 감정이입은 잘 드러나고 있다.

하얀 꼬마 아가씨
하얀 설렘 안고 피어납니다.

보일 듯 보일 듯
좀처럼 보이지 않는
하얀 안개 속 거울 같은
안개꽃 그리움입니다.
- 시 '안개꽃' 부분부분

바람도 구름도
풀들도 꽃들도
어우러져 하나 되는 길

파란 하늘
돌담 위 물새 한 마리
높고 먼 꿈 눈빛에 품었네.
- 시 '물새 한 마리' 부분부분

제주 용눈이오름 분화구
통행금지 구역

일탈을 꿈꾸던 작은 새 한 마리

창공으로 솟아올라 넘실넘실 춤사위

가슴 속 꿈틀대던 욕망
활화산처럼 타올라
화려한 불꽃
온 하늘 물들인다.

- 시 '일탈' 부분부분

오신다는 기약 없이/떠나 버린 임이여/
순정 맺은 그 사랑/기다림이 긴긴 세월/
임 향기 달아날까/밤새도록 오므렸던/
분홍 꽃잎 꿈이 핀다./맑고 고운 수련화/
그대 순결 아름답다.

- 시 '수련화 그리움' 일부

3. 감정 이입을 통한 내적 자기 성숙

　채선엽 시인의 시에는 아름다운 마음씨의 감정 이입이 잘 드러나 있을 뿐 아니라, 나아가 감정 이입에 그치지 않고 내적 자기 성숙으로 이어가기도 한다. 이것은 사람이 글을 만들고 글이 사람을 만든다는 말과도 연계된다.

나는 어릴 때 아버지 따라다니며
산을 좋아했습니다.
산을 하도 잘 오르내려
가족들은 나를 산다람쥐라고 했습니다.

좀 더 나이가 들어
나는 높고 큰 산을 올라
편편한 바위에 혼자 앉았습니다.
산에게 내 마음을 모두 풀어놓을 수 있었고
산도 나를 아낌없이 받아주었습니다.

그때부터 나는
나만의 높고 큰 산을 마음속에
우뚝하게 만들기 시작했습니다.
그 산은 꽃도 별도 바다도 하늘도
함께 있는 거룩한 산이 되었습니다.

거룩한 산은
내가 바라볼 적마다
반가운 미소 따뜻한 눈빛입니다.

봄에 바라보면
초록 꿈이 가득하고
나를 시원하게 토닥여 줍니다.

여름에 바라보면
바다를 펼쳐 보이며
두려워하지 말고
마음껏 헤엄쳐 보라며
두 손 꼭 잡아 줍니다.

내 속의 거룩한 산은

언제라도 하늘과 별과 무지개를
　즐겁고 아름답게 오르도록 합니다.
- 시 '높고 큰 산' 전문

　이 시에서 "산에게 내 마음을 모두 풀어놓을 수 있었고/산도 나를 아낌없이 받아주었습니다."로 알 수 있듯이 시인은 높고 큰 산에 일방적인 감정 이입에 그치지 않고, 높고 큰 산과 일체감과 교감을 이루고 있음을 알 수 있다. 그리고 시인은 그것이 동기가 되어 "나만의 높고 큰 산을 마음속에/우뚝하게 만들기 시작했습니다."고 독백하고 있다. 드디어 시인 스스로 만든 마음속의 거룩한 산은 시인에게 "반가운 미소 따뜻한 눈빛"이 되어 주기도 하고, 바다를 펼쳐 보이며 마음껏 헤엄쳐 보라며 두 손 꼭 잡아 주기도 한다. "언제라도 하늘과 별과 무지개를 즐겁고 아름답게 오르도록" 한다.
　시 '높고 큰 산'은 아름다운 마음씨의 감정 이입을 내적 자기 성숙으로 승화시키기까지 하는 시이다. 채선엽 시인의 감정 이입의 시로서 자기 내적 성숙을 지향하는 시로는 '높고 큰 산' 외에도 '연둣빛 보석', '파도', '눈' 등이 있다.

　반질반질
　연둣빛 여린 잎

　고운 햇살 만나니
　반짝반짝 빛이 납니다.

내 마음에
보석 하나 새겨 놓습니다.

— 시 '연둣빛 보석' 전문

4. 성실한 삶

채선엽 시인의 시에는 부부의 성실한 삶이 감동적으로 표현되고 있다.

시 '알뜰살림'에는 시인이 내 집 마련하기까지의 미덕이 잘 표현되어 있다. 특히 "목 늘어지고 구멍 난 양말/고무줄 느슨한 남편의 사각팬티/내 손바닥 수술대에서/내 잠옷, 내 속바지로 변신했다." 대목은 시인의 알뜰 정신을 극찬하게 한다.

"아이들의 배냇저고리부터/외출복, 양말, 신발까지/언니의 세 아이가 쓰던 것을/깨끗이 삶고 손질해서 사용했다.//어린이집, 유치원 교육비 아끼기 위해/내가 내 아이들의 가정교사가 되었다./부직포, 솜, 하드보드지, 수수깡으로/교구를 만들고/밀가루, 야채, 신문지, 그릇들을/장난감으로 삼게 했다.//남편과 아이들의 이발비 아끼기 위해/미용을 배워 손수 머리를 잘라주고/목 늘어지고 구멍 난 양말/고무줄 느슨한 남편의 사각팬티/내 손바닥 수술대에서/내 잠옷, 내 속바지로 변신했다.//티끌모아 태산이라고/알뜰살림 저축통장/차곡차곡 쌓이었다./봄꽃 피었다 지기를 여섯 해/집 장만의 꿈을 이루었다."

— 시 '알뜰살림' 일부

시 '월급봉투'는 전업주부로 살아온 시인이 결혼 25년 만에 첫 취업을 하여 받은 월급봉투를 남편에게 주었을 때의 상황을 표현하고 있는데, 남편의 검소한 생활과 가족 사랑을 한껏 느끼게 한다. 아울러 시에는 부부 사이에 서로를 이해하고 배려하고 사랑하는 윤기가 흐른다.

결혼해서 지금까지
외벌이로 네 식구
생계를 책임져 온 남편

시리고 차가운 겨울바람에도
자전거 페달 밟으며
출근했던 남편

승용차 대신
빽빽한 지하철 타고
출퇴근 피곤한 몸 졸다가
몇 정거장 지나친 적
여러 번이었던 남편

팔꿈치 닳은 긴소매 와이셔츠
가위로 잘라 반팔로 만들어 입으며
최신 유행이라며 너스레 떨며
내 앞에서 춤추었던 남편

신발 뒷굽 닳아

비 오는 날이면
양말이 젖어 부르튼 발
신문지 뭉쳐 신발에 넣어 말리면서도
새 신발 두 아들에게 양보하고
신발가게 가면
아내의 것 자식들의 것
먼저 눈에 띄었던 남편

시장 리어카에서 파는
양말이 더 편하다면서
좋은 양말은 아들들에게 양보하고
자신의 얼굴에 바를 스킨 하나 없어도
해외출장 가면 아내 화장품 제일 먼저 챙겨서
흐뭇하게 돌아오던 남편

회사 회식에서
맛있었던 음식점 기억해 두었다가
아내와 아들들 데려가 맛있게 먹으라며
한사코 배부르다며 양보하던 남편

결혼 후 줄곧 전업주부로 살아온
내 한 가지 소원은
월급봉투 받아
남편 손에 올려주고 싶은 바람이 있었다.

결혼하고 25년 만에 취업하여
첫 월급 받을 수 있는 날이

나에게 주어졌다.

고마운 마음 듬뿍 담아
곱게 접은 편지와 함께
남편 몰래 책상 위에 올려두었다.

다음날 새벽
잠자는 내 이마에 촉촉한 입술
따뜻한 입김이 느껴졌다
그동안 알뜰하게 잘 살아주어
고맙다는 말과 함께
내 두 손에 그대로 되돌려 주었다,
내 쓰고 싶은 데 쓰라면서.

— 시 '월급봉투' 일부

5. 애타는 효심

2019년 현재 채선엽 시인의 아버지와 어머니는 채 시인이 태어난 집에서 그대로 살고 있다. 채 시인의 시에는 아흔 살을 바라보며 고향에서 살고 있는 아버지, 어머니를 향한 애타는 효심이 절절히 나타나 있다. 시를 읽는 사람 누구나 사무쳐 오는 사연에 가슴이 찡해지며 각자의 부모를 회상하지 않을 수 없게 한다.

채 시인은 그의 시 '앵무산 추억'에서 어린 시절 바로 집 뒤의 앵무산을 아버지 따라 오르내릴 때의 추억이 생생하다.

그런데 그의 시 '아버지'에서는 아버지에 대해 몹시 애타는 효심이 사람들의 가슴을 울리게 한다.

하얀 모시적삼 단정히 입으시고
양반다리 책 읽으시던 아버지

아버지 가시는 곳마다
쫄쫄 따라다니며
궁금한 것이 많았던 나

"우리 딸 말 대답해 주느라 배고프네."
허허 웃으시던 인자하신 아버지

말씀하시기보다
듣기를 더 많이 하셔서
청력의 기력이 다해지신 듯
이제는 내 입모양 살피시며
보청기 끼우신 귀를
내 입술 가까이 가져다 대신다.
재잘재잘 떠들던
내 얘기가 듣고 싶으신가 보다.

어느덧 구십 계단 주름진 세월
내 물음 답해 주시느라
배고프시다던 아버지께
"아버지 물음 답해 드리느라 배고파요."
투정부리고 싶어도

들으실 수 없어 말할 수가 없네.

- 시 '아버지' 부분부분

채선엽 시인은 그의 수필에서 "내가 어렸을 때는 거지도 스님도 우리 집에 많이 왔던 것 같다. 그러면 엄마는 빈손으로 돌려보내지 않고 꼭 손에 무엇인가를 들려서 보냈다. 여자 거지는 집에서 재워 주고 깨끗이 씻겨 옷도 갈아입혀 주었다. 집을 나설 때는 곡식도 보따리에 싸서 주었다. 아이를 좋아했던 나는 거지 아줌마가 업고 온 아이를 예쁘다고 업어 주었다."라고 했다.

채 시인은 시 '엄마의 손'에서 지난 날 그렇게 인심 좋고 건장했던 어머니의 힘든 삶을 추억하면서 밤새도록 어머니의 손을 꼭 잡고 끄억끄억 눈물 삼키고 있다.

엄마의 젖가슴 차지하며
행복했던 어린 시절

오늘은 젖가슴 대신
엄마 손 꼭 잡고
나란히 누웠다.

힘든 삶 사시느라
감당하기 어려웠던
고통, 눈물, 한숨

허겁지겁 들로 나가

호미자루, 괭이자루 잡으시느라
혹사시켰던 손

울퉁불퉁 거북 등처럼
거칠고 딱딱한 굳은살 손
엄마 손 꼭 잡고
밤새도록 끄억끄억 눈물 삼킨다.

― 시 '엄마의 손' 전문

그런데 채 시인의 애타는 효심과 관련하여 또 하나 유의해야 할 것이 있다. 채 시인은 그의 수필에서 어릴 때 함께 지내던 외할머니가 그의 삶의 태도에 큰 모델을 제시해 주었다고 했다.

"말씨나 솜씨, 마음씨, 행동에 있어서 갖추어야 할 덕목들을 잔잔하게 들려주었다. 앞동산에서 우는 풀꾹새, 소쩍새, 비둘기의 울음소리에 담겨 있는 사연을 들으면 안타까운 마음이 가슴에 저려 왔다. 천식으로 기침을 많이 하면서도 저녁마다 내가 잠들 때까지 들려주던 권선징악의 옛날이야기들은 지금 생각해 보면 반복해서 들었는데도 매일 새롭고 달콤했었다."고도 했다.

이른 아침
아카시아 향기 가득한 앞동산
비둘기 울음소리 나를 깨운다.

외할머니 이야기 주머니는

끝도 없이 깊고 넉넉했다.

비둘기 구구구
귓전에 맴도는 외할머니 목소리
그리운 목소리

- 시 '외할머니' 일부

6. 고향 순천의 추억과 그리움과 사랑

채선엽 시인은 1968년 전라남도 순천시 해룡면 선학리 계당마을에서 태어났다. 채 시인이 태어난 집은 여수시와 순천시의 경계를 이루는 앵무산 바로 아래 양지 바른 곳이다.

앵무산 꼭대기 근처에는 채 시인 아버지의 산이 있어 채 시인과 채 시인의 가족은 앵무산을 자주 오르내렸다. 채 시인의 집 앞 가까이에는 용산(용머리산) 봉우리가 우뚝 솟아 있었다. 채 시인의 집에서 보면 광활한 순천만 습지 곧 갈대밭과 갯벌이 펼쳐져 있었는데, 그곳에는 채 시인의 추억과 꿈이 쌓이고 있었다.

감성이 풍부한 채선엽 시인에게는 어디에 살든 고향 집과 앵무산과 용산과 순천만 습지가 있는 순천이 추억과 그리움과 사랑의 고장일 수밖에 없다.

이런 까닭으로 채선엽 시인의 시에는 고향 순천을 추억하고 그리워하고 사랑하는 시들이 많다. 시 '순천만 갈대밭', '앵무산 추억', '순천 앵무산 오르니', '모내기 하는 날', '학교 가는 길', '통학버스' 등이 이에 속한다.

7. 시 '순천만 갈대밭' 가곡으로 작곡, 영어로 번역

　순천만 습지는 갈대밭과 갯벌이 아득하게 넓게 펼쳐져 있으며, 수많은 생물과 철새들이 살기 좋은 곳이다. 순천만 갈대밭은 우리나라에서 가장 큰 갈대밭이며 화려한 경치를 이룬다. 바람에 흔들리는 갈대의 모습과 석양과의 조화는 아름답기 그지없다.

　채선엽 시인은 자신의 집에서 가까운 갈대밭과 갯벌에서 즐거운 시간과 생태 체험을 누리며 자랐다. 그래서 나는 채선엽 시인에게 순천만 갈대밭을 소재로 한 시를 써서 가곡으로 만들어 보는 것이 좋겠다고 했다.

　이에 채 시인은 시 '순천만 갈대밭'을 창작하여 《주간 한국문학신문 2019년 9월 25일》에 발표하였고, 나는 가곡 작곡의 권위자인 이종록 교수에게 시를 소개하여 '순천만 갈대밭'이 가곡으로 작곡되었다. 음반으로도 제작될 예정이다. 작곡가 이종록 교수는 서울대학교 작곡과와 중앙대학교 대학원 작곡과를 졸업하고, 중앙대학교와 전북대학교 음악학과 교수, 가곡동인 대표를 역임하고, 2019년 현재 전북대학교 음악학과 명예교수, 한국작곡가회 상임고문을 맡고 있다.

　그리고 이 시는 김인영 문학박사(국제PEN한국본부 번역위원회 위원 Translation committee member of PEN Korea. 국제계관시인연합 한국위원회 사무총장 Secretary-general of United Poets Laureate International Korea Committee)가 영어로 번역하였는데, 《Poetry Korea Vol. 8. 2019》(United Poets Laureate International Korea

Committee)에 수록되어 해외에도 소개된다.

  이런 사연을 안고 있는 채선엽 시인의 시 '순천만 갈대밭'은 순천 지역과 순천 시민과 경이로운 순천만 갈대밭을 사랑하는 국내외 사람들에게 커다란 선물이 될 것이다.

용산 마루 가을바람
솔잎에 넘실이고
황금 빛 갈대 물결
속삭임이 뜨거웁네.
파란 하늘 하얀 그림
구름꽃이 한가롭고
순천만 갈대밭
눈부시게 화려하네.
순천만 갈대밭
우리 모두 행복이라.

저 멀리 무르익은
오곡백과 넉넉하고
굼실굼실 갈대 몸짓
저녁노을 노래하네.
사랑 꿈 물들이는
갯벌 철새 정겨웁고
순천만 갈대밭
눈부시게 화려하네.
순천만 갈대밭
우리 모두 행복이라.

- 시 '순천만 갈대밭' 전문

8. 맺는말

나는 위에서 채선엽 시인의 첫 시집 《연둣빛 보석》을 중심으로 채 시인의 시의 세계를 살펴보았다.

채선엽 시인의 시의 세계에는 아름다운 마음씨의 감정 이입이 아름답게 아롱지고, 성실한 삶과 애타는 효심이 가슴을 여미게 하고, 고향을 향한 추억과 그리움과 사랑이 별처럼 반짝이고 있다. 채선엽 시인은 사물을 서정적으로 통찰하여 형상화하는 기법과 은유적 연상력이 뛰어나고, 언어 선택 감각이 매력적이다.

순천 출신 채선엽 시인의 시 '순천만 갈대밭'과 그 영어 번역 시, 그리고 그 노래로 말미암아 순천만 갈대밭은 국내외에서 더욱 많은 사람들로부터 사랑받게 될 것이다.

채선엽 시인은 앞으로 문학 재능을 꾸준히 발전시켜 사람들에게 감동과 희망과 용기를 주는 문학 작품을 많이 창작하고, 나아가 세계 문단으로 시야를 넓혀 그 보람과 영광을 이루어 가기 바란다.

■허만길

교육학 석사(서울대학교 대학원 국어교육학과). 문학박사(홍익대학교 대학원 국문학과). 시인. 소설가. 복합문학 창시. 국가 시행 최연소 중학교교원자격증(18살) 및 최연소 고등학교교원자격증(19살) 받음('기네스북' 한국편 등재). 정신대문제 제기 및 정신대문제 첫 단편소설 '원주민촌의 축제'(1990년) 발표(국가인권위원회위원장 표창). 대한민국 광복 후 최초로 1990

년 대한민국 임시정부자리 보존운동 성과(보령시 '시와 숲길 공원'에 허만길 시비 '대한민국 상하이 임시정부자리' 건립). 교육부 국어과 편수관·교육부 국제교육진흥원 강사·서울특별시교육연구원 연구사·한국진로교육학회 이사·한국교육과정평가원 해외동포용 '한국어' 교재개발 연구위원·학술원 국어연구소 표준어 사정위원·서울대학교 '국어교육학사전' 집필위원·서울 당곡고등학교 교장 역임. (2019년 현재) 국제 PEN한국본부 이사. 한국현대시인협회 이사. 한국소설가협회 중앙위원. 한글학회 회원. ▲저서: '한국 현대국어정책 연구', '우리말 사랑의 길을 열면서', '정신대 문제 제기 및 대한민국임시정부자리 보존운동 회고', (최초 복합문학) '생명의 먼동을 더듬어', (장편소설) '천사 요레나와의 사랑', (시집) '아침 강가에서', (수필집) '진리를 찾아 이상을 찾아', (깨달음) '인류를 위한 참얻음', (고등학교 교과서) '진로 상담' (공저) 등. ▲상훈: 황조근정훈장. 대통령 표창. 국가인권위원회 위원장 표창. 순수문학 작가상. 문예춘추 청백문학상. 한글학회 이사장 표창

순수시선 602

연둣빛 보석

채선엽 지음

2019. 10. 25. 초판
2019. 11. 1. 발행

발행처 · 순수문학사
출판주간 · 朴永河
등 록 제2-1572호

서울 중구 퇴계로48길 11 협성BD 202호
TEL (02) 2277-6637~8
FAX (02) 2279-7995
E-mail ; seonsookr@hanmail.net

· 저자와의 합의하에 인지를 생략함
· 잘못된 책은 바꾸어 드립니다

ISBN 979-11-86171-97-4

가격 10,000원